आत्महत्या के विरुद्ध

[कविता-संग्रह]

आत्महत्या के विरुद्ध

रघुवीर सहाय

राजकमल प्रकाशन

ISBN : 978-81-267-1792-7

मूल्य : ₹495

© विमलेश्वरी सहाय, दिल्ली

पहला संस्करण : 1967
पहली आवृत्ति : 2022
This book is printed on **Print on Demand** Technology : 2025

प्रकाशक : राजकमल प्रकाशन प्रा.लि.
1-बी, नेताजी सुभाष मार्ग, दरियागंज
नई दिल्ली-110 002

शाखाएँ : अशोक राजपथ, साइंस कॉलेज के सामने, पटना-800 006
पहली मंजिल, दरबारी बिल्डिंग, महात्मा गांधी मार्ग, प्रयागराज-211 001
1, अनमोल सोराबजी संतुक लेन, धोबी तलाव, मरीन लाइंस, मुम्बई-400 002

वेबसाइट : www.rajkamalprakashan.com
ई-मेल : info@rajkamalprakashan.com

AATMAHATYA KE VIRUDHPOEMS
by Raghuveer Sahai

नेपथ्य से

'आत्महत्या के विरुद्ध' का दूसरा संस्करण मेरे लिए एक साधारण घटना नहीं है। पाठकों ने इसे पसन्द किया और आलोचकों ने इसे विवेचना के योग्य माना, इससे हर कवि की तरह मुझे भी सन्तोष और आत्मविश्वास मिला है किन्तु इससे बढ़कर मुझे इन कविताओं को स्वयं दुबारा पढ़ने से अपनी रचनात्मक कमजोरियों और सफलताओं की जो समझ मिली है वह मेरे लिए महत्त्वपूर्ण है।

अपनी इन कविताओं को मैं एक प्रकार से पीछे छोड़ आया हूँ और एक प्रकार से इनमें से कुछ मेरे काव्य व्यक्तित्व का, जैसा मैं उसे जानता हूँ, अभिन्न अंग बन चुकी हैं। मुझे यह प्रतीति है कि वह काव्य व्यक्तित्व ठीक वही नहीं है जैसा पाठक उसे जानते हैं और दूसरा संस्करण छपते समय तो यह प्रतीति एक व्यंग्य मिश्रित विस्मय बन जाती है—पाठक और अपने बीच एक सम्बन्ध को देखकर जो हम दोनों में से किसी ने दुराव के लिए नहीं बनाया है पर जिसमें निहित प्रीति के कारण, मैं जानता हूँ कि आलोचक और पाठक के मन में ठीक वही नहीं हैं जो मुझे तृप्तिकर होते।

कविता के अमरत्व में मेरा विश्वास नहीं है। किन्तु कविता लिखी जाने के बाद अपनी एक ज़िन्दगी जीती है और कभी-कभी वह काफी लम्बी भी हो सकती है। कभी-न-कभी उसके मर जाने का दुख कवि को नहीं होना चाहिए—उसके लिए तो वह लिखी जाते ही मर चुकी होती है। किन्तु उसे जो बार-बार अलग-अलग समय में पढ़ते हैं वे यदि जीवन से कुछ ले रहे हों और स्वयं उनकी जीने की और बनाने की इच्छा बार-बार जी रही हो तो सम्भव है कि वे पुरानी कविताओं में भी जान डालते रहें—कविता इसी अर्थ में जीती रह सकती है। यही कवि भी अपनी कविता को दुबारा पढ़कर करता है पर वह किसी मरी हुई कविता को भी नहीं कह सकता कि यह मेरी नहीं थी।

एक बार फिर इन कविताओं को आपके हाथ सौंपते हुए मैं एक पुरानी बात दोहराना चाहता हूँ : 'वह कितना सुन्दर था जो मैंने पाया था और मैं चला आया हूँ और दुखी नहीं हूँ' कविता लिखी जाते ही मर जाती है का यही अर्थ है।

मई, 1976

—रघुवीर सहाय

कवि ने, यह मानते हुए कि आधुनिक कविता के संसार में नये संगीत का विशेष स्थान है और वह आधुनिक संवेदना का एक आवश्यक अंग है, अपनी कुछ कविताओं में संगीत की खोज की है। इस संग्रह की 'मैदान में' शीर्षक कविता की स्वर लिपि आधुनिक संगीत और कविता में रुचि रखने वाले पाठकों के लिए संग्रह के अन्त में प्रकाशित की जा रही है।

वक्तव्य

अक्सर मुझे यह अहसास—एक तीखा अहसास—साहित्य के बारे में दुबारा सोचने को मजबूर करता है कि क्या आज हम यानी साहित्यकार अपनी उस ख़ास दुनिया से बेगाने नहीं होते जा रहे हैं जिसमें रहकर हम दुनियावालों की दुनिया में एक ख़ास ढंग से हिस्सा लेते और फिर एक ख़ास ढंग से ही उससे अलग हो जाते हैं। वह हमारी ख़ास दुनिया या तो नक़ली उदासीनता से या सतही दिलचस्पी से कमोबेश छिन्न-भिन्न हो चली है। अगर कोई चीज़ उसे सम्हाले हुए है तो वह यह ज़िद है कि साहित्य की आज भी अपनी एक दुनिया है और साहित्यकार की अपनी एक ज़िन्दगी।

मैं कहानी, कविता या नाटक में बाँटकर इस सवाल को आसान नहीं बनाना चाहता, लेकिन इतना ज़रूर कहना चाहता हूँ कि तीनों में शब्द के तीन तरह के इस्तेमाल की वजह से रचना की मुश्किलें हमें तीन तरफ़ को ले जाती हैं। रचना से गुज़रकर भले ही हम उसी एक मुश्किल पर आ जाते हों जिसका मैंने शुरू में ज़िक्र किया है।

पहले हम उस दूसरी दुनिया को देखें जिसमें हमें पहले से ज़्यादा रहना पड़ रहा है, लेकिन जिससे हम न लगाव साध पा

रहे हैं, न अलगाव। लोकतन्त्र—मोटे, बहुत मोटे तौर पर लोकतन्त्र ने हमें इंसान की शानदार ज़िन्दगी और कुत्ते की मौत के बीच चाँप लिया है। इस स्थिति में सबसे आसान यह पड़ता है कि व्यक्ति-स्वातन्त्र्य की अभी तक बची सुविधा का फ़ायदा उठाकर मैं अपने लिए बचे रहने की निजी, बिलकुल अहस्तान्तरणीय रियायत ले लूँ। उससे कुछ मुश्किल यह है कि मैं यह रियायत अस्वीकार करूँ और उनके आसरे ज़िन्दा रहूँ जो इंसान के लिए दूसरे हथियारों से लड़ते हैं—साहित्येतर हथियारों से। सबसे मुश्किल और एक ही सही रास्ता है कि मैं सब सेनाओं में लड़ूँ—किसी में ढाल सहित किसी में निष्कवच होकर— मगर अपने को अन्त में मरने सिर्फ़ अपने मोर्चे पर दूँ—अपने भाषा के, शिल्प के और उस दोतरफ़ा ज़िम्मेदारी के मोर्चे पर जिसे साहित्य कहते हैं।

विराट भीड़ों के समाज को बदलने का आज सिर्फ़ एक साधन है : वह है उस सत्ता का उपयोग जो समुदाय का एक-एक व्यक्ति अलग-अलग निर्णयों से कुछ हाथों में देता है। सरकार, जो राज्य की प्रतिनिधि है, जो समाज का प्रतिनिधि है, जैसी भी वह हो सकती है—अधूरी, टूटी, नक़ली, मिलावटी, मूर्ख—अकेला कारगर साधन भीड़ के हाथ में है। मैं इस साधन के अधिक-से-अधिक सही इस्तेमाल के लिए लड़े बिना नहीं रह सकता, लेकिन इसके माने यह नहीं कि मैं भीड़ का कायल हूँ। मैं बदमाशों, गधों, आधे पागलों और मक्कारों के लिए एक ज़िम्मेदारी महसूस करता हूँ पर जो कुछ मैं रचता हूँ सिर्फ़ अपनी ज़िम्मेदारी पर रचता हूँ—या फिर नहीं रचता। फ़िलहाल अपने को रचने योग्य बनाये रखने में लगा रहता हूँ।

इस तरह कह देने में यह संकट सुलझ जाता है, संकट नहीं रहता—जैसा कि व्याख्या करने से हर संकट के साथ होवेगा—

लेकिन करने में यही संकट है जो मेरा आज का संकट है। राजनीति की ओर मेरा यही रवैया है–संकटकालीन रवैया कह लीजिए–कि 'वह बहुत ज़रूरी है' या 'वह फ़िजूल है' दोनों फ़तवे संकट से भागने के बहाने हैं–वह बहुत ज़रूरी है, पर मैं भी अपने लिए बहुत ज़रूरी हूँ–अपनी उस कला-परम्परा के लिए जिसमें मैं अपनी एक मूर्ति बनाता और एक ढहाता हूँ और आप कहते हैं कि कविता की है।

वह संकट की दुनिया हमारी जमात की (सिर्फ़ इसी मामले में मैं साहित्यकारों की जमात का ज़िक्र कर सकता हूँ) ख़ास दुनिया है। अफ़सोस है हम उससे बेगाने होते जाते हैं–और जब तक उसमें रहते हैं, आधे ज़िन्दा रहते हैं (यह शब्द अधमरे से ज़्यादा सही है) और जब मरते हैं तो दूसरी दुनिया में–वह राजनीति की हो या राजनीति के विरोध की–जाकर मरते हैं। भाइयो, अगर हम अपनी दुनिया में जूझते-जूझते ज़िन्दा नहीं रह सकते तो कम-से-कम इतना करें कि जब मरना पड़े तो उसी में मरने की कोशिश करें।

–रघुवीर सहाय

अनुक्रम

आत्महत्या के विरुद्ध

नेता क्षमा करें

लोगो, मेरे देश के लोगो और उनके नेताओ
मैं सिर्फ़ एक कवि हूँ

मैं तुम्हें रोटी नहीं दे सकता न उसके साथ खाने के लिए ग़म
न मैं मिटा सकता हूँ ईश्वर के विषय में तुम्हारा सम्भ्रम

लोगों में श्रेष्ठ लोगो मुझे माफ़ करो,
मैं तुम्हारे साथ आ नहीं सकता।

यानी कि आप ही सोचें कि जो कवि नहीं हैं
कि लोग सब एक तरफ़ और मैं एक तरफ़
और मैं कहूँ कि तुम सब मेरे हो
पूछिए, कौन हूँ मैं?

मैंने कोशिश की थी कि कुछ कहूँ उनसे
लेकिन जब कहा तुमको प्यार करता हूँ

मेरे शब्द एक लहरियाता दोगाना बन
उकड़ूँ बैठे लोगों पर भिनभिनाने लगे

फिर कुछ लोग उठे बोले कि आइए तोड़ें पुरानी–फ़िलहाल मूर्तियाँ
साथ न दो हाथ ही दो सिर्फ़ उठा

झोले में बन्द कर एक नयी मूर्ति मुझे दे गये

यानी कि आप ही देखें कि जो कवि नहीं हैं
अपनी एक मूर्ति बनाता हूँ और ढहाता हूँ
और आप कहते हैं कि कविता की है
क्या मुझे दूसरों की तोड़ने की फ़ुरसत है?

अपने आप और बेकार

यही मेरे लोग हैं
यही मेरा देश है
इसी में रहता हूँ
इन्हीं से कहता हूँ
अपने आप और बेकार

लोग लोग लोग चारों तरफ़ हैं मार तमाम लोग
खुश और असहाय
उनके बीच में सहता हूँ
उनका दुख
अपने आप और बेकार

देश की व्यवस्था का विराट वैभव
व्याप्त है चारों ओर
एक कोने में दुबक ही तो सकता हूँ
सब लोग जो कुछ रचाते हैं उसमें

केवल अपना मत नहीं दे ही तो सकता हूँ
वह मैं करता हूँ
किसी से नहीं डरता हूँ
अपने आप और बेकार

नयी हँसी

महासंघ का मोटा अध्यक्ष
धरा हुआ गद्दी पर खुजलाता है उपस्थ
सर नहीं,
हर सवाल का उत्तर देने से पेश्तर

बीस बड़े अख़बारों के प्रतिनिधि पूछें पचीस बार
क्या हुआ समाजवाद
कहे महासंघपति पचीस बार हम करेंगे विचार
आँख मारकर पचीस बार वह हँसे वह, पचीस बार
हँसे बीस अख़बार

एक नयी ही तरह की हँसी यह है

पहले भारत में सामूहिक हास-परिहास तो नहीं ही था
लोग आँख-से-आँख मिला हँस लेते थे

इसमें सब लोग दायें-बायें झाँकते हैं
और यह मुँह फाड़कर हँसी जाती है।

राष्ट्र को महासंघ का यह सन्देश है
जब मिलो तिवारी से—हँसो—क्योंकि तुम भी तिवारी हो
जब मिलो शर्मा से—हँसो—क्योंकि वह भी तिवारी है
जब मिलो मुसद्दी से
खिसियाओ
जात-पाँत से परे
रिश्ता अटूट है
राष्ट्रीय झेंप का।

अकाल

फूटकर चलते फिरते छेद
भूमि की पर्त गयी है सूख
औरतें बाँधे हुए उरोज
पोटली के अन्दर है भूख
आसमानी चट्टानी बोझ
ढो रही है पत्थर की पीठ
लाल मिट्टी लकड़ी ललछौर
दाँत मटमैले इकटक दीठ
कटोरे के पेंदे में भात
गोद में लेकर बैठा बाप
फ़र्श पर रखकर अपना पुत्र
खा रहा है उसको चुपचाप
पीटकर कृष्णा के तटबन्ध
लौटकर पानी जाता डूब
रात होते उठती है धुन्ध
ऊपरी आमदनी की ऊब
जोड़कर हाथ काढ़कर खीस

खड़ा है बूढ़ा रामगुलाम
सामने आकर के हो गये
प्रतिष्ठित पंडित राजाराम
मारते वही जिलाते वही
वही दुर्भिक्ष वही अनुदान
विधायक वही, वही जनसभा
सचिव वह, वही पुलिस कप्तान
दया से देख रहे हैं दृश्य
गुसलख़ाने की खिड़की खोल
मुक्ति के दिन भी ऐसी भूल!
रह गया कुछ कम ईसपगोल।

मेरा प्रतिनिधि

उसके दिल की धड़कन
उस दिल की धड़कन है
भीड़ के शिकार के
सीने में जो है

हाहाकार
उठता है घोष कर
एक जन
उठता है रोष कर
व्याकुल आत्मा से आक्रोश कर
अकस्मात
अर्थ
भर जाता है पुरुष वह
हम सबके निर्विवाद जीने में

सिंहासन ऊँचा है सभाध्यक्ष छोटा है
अगणित पिताओं के

एक परिवार के
मुँह बाये बैठे हैं लड़के सरकार के
लूले काने बहरे विविध प्रकार के
हल्की-सी दुर्गन्ध से भर गया है सभाकक्ष।

सुनो वहाँ कहता है
मेरा प्रतिनिधि
मेरी हत्या की करुण कथा

हँसती है सभा
तोंद मटका
ठठाकर
अकेले अपराजित सदस्य की व्यथा पर
फिर मेरी मृत्यु से डरकर चिंचियाकर
कहती है
अशिव है अशोभन है मिथ्या है।

मैं
कि जो अन्यत्र
भीड़ में मारा गया था

लिये हुए मशअलें रात में
लोग
मुझे लाये थे साथ में
काग़ज़
था एक मेरे हाथ में
मेरी स्वाधीन जन्मभूमी पर जन्म लिये होने का मेरा प्रमाण-पत्र

मारो मारो मारो शोर था मारो
एक ओर साहब था
सेठ था सिपाही था
एक ओर मैं था
मेरा पुत्र और भाई था
मेरे पास आकर खड़ा हुआ एक राही था
एक ओर आकाश में हो चला था भोर

मैं अपने घर में फिर
वापस आऊँगा
मैंने कहा

बीस वर्ष
खो गये भरमे उपदेश में
एक पूरी पीढ़ी जनमी पली पुसी क्लेश में
बेगानी हो गई अपने ही देश में
वह
अपने बचपन की
आज़ादी
छीनकर लाऊँगा

तभी मुझे क़त्ल किया लो मेरे प्रतिनिधि मेरा प्रमाण
घुटता था गला व्यर्थ सत्य कहते-कहते
वाणी से विरोध कर तन से सहते-सहते
सील भरी बन्द कोठरी में रहते-रहते
तोड़ दिया द्वार आज; देखो देखो मेरी मातृभूमि का उजाड़!

आत्महत्या के विरुद्ध

समय आ गया है जब तब कहता है सम्पादकीय
हर बार दस बरस पहले मैं कह चुका होता हूँ कि समय आ गया है

एक ग़रीबी, ऊबी, पीली, रोशनी, बीबी,
रोशनी, धुन्ध, जाला, यमन, हरमुनियम अदृश्य
डब्बाबन्द शोर
गाती गला भींच आकाशवाणी
अन्त में टड़ंग

अकादमी की महापरिषद को अनन्त बैठक
अदबदा कर निश्चित कर देती है जब कुछ और नहीं पाती
तो ऊब का स्तर
एक सीली उँगली का निशान डाल दस्तख़त कर
तले हुए नाश्ते की तेलौस मेज़ पर

नगर निगम ने त्योहार जो मनाया तो जनसभा की
मन्थर मटकता मन्त्री मुसद्दीलाल महन्त मंच पर चढ़ा

छाती पर जनता की
वसन्ती रंग जानते थे न पंसारी न मुसद्दीलाल
दोनों ने राय दी
कन्धे-से-कन्धा भिड़ा ले चलो
पालकी

कल से ज़्यादा लोग पास मँडराते हैं
ज़रूरत से ज़्यादा आसपास ज़रूरत से ज़्यादा नीरोग
शक से कि व्यर्थ है जो मैं कर रहा हूँ
क्योंकि जो कह रहा हूँ उसमें अर्थ है।

कल मैंने उसे देखा लाख चेहरों में एक वह चेहरा
कुढ़ता हुआ और उलझा हुआ वह उदास कितना बोदा
वही था नाटक का मुख्यपात्र
पर उसकी ठस पीठ पर मैं हाथ रख न सका
वह बहुत चिकनी थी।

लौट आओ फिर उसी खाते-पीते स्वर्ग में
पिटे हुए नेता, पिटे अनुचर बुलाते हैं
मार फड़फड़ाते हैं पंख साल दो साल गले बँधी घंटियाँ
पढ़ी-लिखी गरदनें बजाती हैं फिर उड़ जाता है विचार
हम रह जाते हैं अधेड़
कुछ होगा कुछ होगा अगर मैं बोलूँगा
न टूटे न टूटे तिलिस्म सत्ता का मेरे अन्दर एक कायर टूटेगा टूट
मेरे मन टूट एक बार सही तरह
अच्छी तरह टूट मत झूठमूठ ऊब मत रूठ
मत डूब सिर्फ़ टूट जैसे कि परसों के बाद
वह आया बैठ गया आदतन एक बहस छेड़कर

गया एकाएक बाहर ज़ोरों से एक नक़ली दरवाज़ा
भेड़ कर
दर्द दर्द मैंने कहा क्या अब नहीं होगा
हर दिन मनुष्य से एक दर्जा नीचे रहने का दर्द
गरजा मुस्टंडा विचारक—समय आ गया है
कि रामलाल कुचला हुआ पाँव जो घसीटकर
चलता है अर्थहीन हो जाये।

छुओ
मेरे बच्चे का मुँह
गाल नहीं जैसा विज्ञापन में छपा
ओंठ नहीं
मुँह
कुछ पता चला जान का शोर डर कोई लगा
नहीं—बोला मेरा भाई मुझे पाँव-तले
रौंदकर, अंग्रेज़ी।

कितना आसान है पागल हो जाना
और भी जब उस पर इनाम मिलता है
नक़ली दरवाज़े पीटते हैं जवान हाथों को
काम सर को आराम मिलता है : दूर
राजधानी से कोई क़स्बा दोपहर बाद छटपटाता है
एक फटा कोट एक हिलती चौकी एक लालटेन
दोनों, बाप मिस्तरी, और बीस बरस का नरेन
दोनों पहले से जानते हैं पेंच की मरी हुई चूड़ियाँ
नेहरू-युग के औज़ारों को मुसद्दीलाल की सबसे बड़ी देन

अस्पताल में मरीज़ छोड़कर आ नहीं सकता तीमारदार
दूसरे दिन कौन बतायेगा कि वह कहाँ गया

निष्कासित होते हुए मैंने उसे देखा था
जयपुर-अधिवेशन जब समेटा जा रहा था
जो मजूर लगे हुए थे कुर्सी ढोने में
उन्होंने देखा एक कोने में बैठा है
अजय अपमानित
वह उसे छोड़ गये
कुर्सी को
सन्नाटा छा गया

कितना आसान है नाम लिखा लेना
मरते मनुष्य के बारे में क्या करूँ क्या करूँ मरते मनुष्य का
अन्तरंग परिषद से पूछकर तय करना कितना
आसान है कितनी दिलचस्प है नेहरू की
आशंसा पाटिल की भर्त्सना की कथा
कितनी घुटन के अन्दर घुटन के
अन्दर घुटन से कितनी सहज मुक्ति

कितना आसान है रख लेना अपने पास अपना वोट
क्योंकि प्रतिद्वन्द्वी अयोग्य है
अत्याचारी हत्या किये जाय जब तक कि स्वर्णधूलि
स्वर्णशिखर से आकर आत्मा के स्वर्णखंड
किये जाय
गोल शब्दकोश में अमोल बोल तुतलाते
भीमकाय भाषाविद हाँफते डकारते हँकाते
अंग्रेज़ी की अवध्य गाय
घंटा घनघनाते पुजारी जयजयकार
सरकार से क़रार जारी हज़ार शब्द रोज़
क़ैद

रोज़-रोज़ एक और दर्द एक क्रोध एक बोध
और नापैद
कल पैदा करना होगा भूखी पीढ़ी को
आज जो अनाज पेट भरता है
लो हम चले यह रक्खे हैं उर्वरक सम्बन्धी
कुछ विचार
मुन्न से बोले विनोबा से जैनेन्द्र दिल्ली में बहुत बड़ी लपसी
पकायी गयी युद्ध से बदहवास
जनता के लिए लड़ो या न लड़ो
भारत पाकिस्तान अलग-अलग करो
फिर मरो कढ़िल कर
भूल जाओ
राजनीति
अध्यापक याद करो किसके आदमी हो तुम
याद करो विद्यार्थी तुम्हें आदमी से
एक दर्जा नीचे
किसका आदमी बनना है—दर्द?
दर्द, खैराती अस्पताल में डॉक्टर ने कहा वह मेरा काम नहीं
वह मुसद्दी का है
वही भेजता है मुझे लिखकर इसे अच्छा करो
जो तुम बीमार हो तुमने उसे ख़ुश नहीं किया होगा
अब तुम बीमार हो तो उसे ख़ुश करो
कुछ करो
उसने कहा लोहिया से लोहिया ने कहा
कुछ करो
ख़ुश हुआ वह चला गया अस्पताल में भीड़
भौचक भीड़ धाँय-धाँय
सौ हज़ार लाख दर्द आठ दस क्रोध

तीन चार बन्द बाज़ार भय भगदड़ गर्द
लाल
छाँह धूप छाँह, नहीं घोड़े बन्दूक
धुआँ ख़ून ख़त्म चीख़
कर हम जानते नहीं
हम क्या बनाते हैं
जब हम दफ़नाते हैं
एक हताश लड़के की लाश बार-बार
एक बेबसी
थोड़ी-सी मिटती है
फिर करने लगती है भाँय-भाँय
समय जो गया है उसके सन्नाटे में राष्ट्रपति
प्रकटे देते हुए सीख समाचार-पत्र में छपी
दुधमुँही बच्ची खाती हुई भीख
खिसियाते कुलपति
मुसद्दीलाल
घिघियाते उपकुलपति
एक शब्द कहीं नहीं कि वह लड़का कौन था
क्या उसके बहनें थीं
क्या उसने रक्खे थे टीन के बक्से में अपने अजूबे
वह कौन-कौन से पकवान
खाता था
एक शब्द कहीं नहीं एक वह शब्द जो वह खोज
रहा था जब वह मारा गया।

सन्नाटा छा गया
चिट्ठी लिखते-लिखते छुटकी ने पूछा
'क्या दो बार लिख सकते हैं कि याद

आती है?'
'एक बार मामी की एक बार मामा की?'
'नहीं, दोनों बार मामी की'
'लिख सकती हो ज़रूर बेटी', मैंने कहा
समय आ गया है
दस बरस बाद फिर पदारूढ़ होते ही
नेतराम, पदमुक्त होते ही न्यायाधीश
कहता है। समय आ गया है–
मौका अच्छा देखकर प्रधानमन्त्री
पिटा हुआ दलपति अख़बारों से
सुन्दर नौजवानों से कहता है गाता बजाता
हारा हुआ देश।
समय जो गया है
मेरे तलुवे से छनकर पाताल में
वह जानता हूँ मैं।

मूर्ख-मूर्ख मेरी ओर

कल भी कहा था
आज दोहराता हूँ
पा लिया मैंने वह क्षण जिसमें
मनुष्य से बिना कारण प्यार
या नफ़रत करते हुए पाता हूँ
अपने को और बचा रखता हूँ
सपने को

मूर्ख-मूर्ख सब हो गये मेरी ओर
छोड़कर कायरता
लिख दिया गया स्कूलों में सुभाषित
'मरता क्या न करता'

एक आँसू पिया मैंने
एक चीकट बिस्तरे पर एक गीला बेख़बर तन लिया मैंने
बचा सपने को
अँधेरा–आख़िरी तुक
यही होगी–
–जिया मैंने।

हरी गहरी रात

जहाँ बच्चे
सो रहे थे
अधलिखे
ख़त से

एक कोने में खड़ा था अँधेरा असहाय

वहाँ मैं गया दूर जैसे बहुत कोई जाय

झुककर देखता हूँ
एक के मुँह पर हँसी थी
रुका ज्यों ही, आँख उसने खोल दी
शाम से चुप हरी गहरी रात आख़िर वक़्त पा
उसके पिता से बोल दी।

प्रार्थनाघर

सादी दीवार में
लकड़ी का द्वार
सिर झुकाये बन्द
लिख दिया उस पर पुरोहित ने सुलेख
कृपा करके यहाँ विज्ञापन न चिपकायें
यह हमारा प्रार्थनाघर है।

एक लड़की

तेरी कोहनियों ने हँसकर
मुझे कनखियों से देखा
तू उठी किस आजिज़ी से
बेसबर हुई तू कैसे

तेरी उँगलियों से छलका
डूबा हुआ उजाला
तेरी वे निराश बाँहें
तेरे वे उदास कन्धे
तू सहम गयी है भय से
कि तू शान्त है हृदय से।

नया शब्द

आज एक अतुकान्त जिज्ञासा
जो काव्य को नहीं मानती
शान्त जो करती है कौतूहल
विचित्र को जैसे नहीं पहचानती
जानती है सब कुछ एक ही बार में रहस्य
फिर भी जानबूझकर नहीं जानती
वह आज शब्द नहीं रही।

कोई और कोई और कोई और–और अब भाषा नहीं

शब्द, अब भी चाहता हूँ
पर वह कि जो जाये वहाँ-वहाँ होता हुआ
तुम तक पहुँचे
चीज़ों के आरपार दो अर्थ मिलाकर सिर्फ़ एक
स्वच्छन्द अर्थ दे
मुझे दे। देता रहा है जैसे छन्द केवल छन्द
घुमड़-घुमड़कर भाषा का भास देता हुआ
मुझको उठाकर निःशब्द दे देता हुआ।

लाखों का दर्द

लखूखा आदमी दुनिया में रहता है
मेरे उस दर्द से अनजान जो कि हर वक़्त
मुझे रहता है हिन्दी में दर्द की सैकड़ों
कविताओं के बावजूद

और लाखों आदमियों का जो दर्द मैं जानता हूँ
उससे अनजान
लखूखा आदमी दुनिया में रहे जाता है।

टोपीवाला बाजा

इस विराट नगरी में बड़े-बड़े धोखे हैं
गुर्राते हुए बाजों में और कुलबुलाते हुए मसौदों में
और छोटे-छोटे धोखे फूलदानों में हैं
न छोटे न बड़े सौदों में नौकरियों के

थोड़ी-सी देर को लगता है सही
टोपियों का रखरखाव
जब तक कमरे में कोई बोले नहीं

जैसे ही मैंने कहा देश मेरा भी है यह
बाजा बेताल हो गया मैं अकेला
टोपियाँ समेटकर ले गये दीनानाथ
रह गये फूलदान और कुछ मसौदे
और अभी तक तो है मेरी नौकरी।

लोकतन्त्रीय मृत्यु

दिल्ली के वसन्त का वह एक विशेष दिन था
गरमी थी और हवा थी जो धूप को उड़ाये लिए जाती है।
मौलसिरी के बड़े से पेड़ तले छाँह का छितरा हुआ घेरा था
सामने लहराते एक हज़ार फूलों के रंग से डरकर
सिमटे हुए लोग उसमें बैठे थे
मृत्यु की ख़बर की प्रतीक्षा में।

एक झीना-सा परदा था दोनों के बीच
लोगों के और मौसम के
मैंने उसे हटा दिया
कालातीत समय चारों ओर से घिर आया
न जीवन था उसमें न मृत्यु थी
सिर्फ़ बेहिसाब असंगतियों की एक धड़कती सत्ता
कास्मास फूल की खुली आँखें
अन्दर से बाहर को देखने लगीं
और धूप ने उठा रंगों को मनमानी जगह रोप दिया।

इस नयी सृष्टि में उठती गिरती है कोई चीज़, दूर
घर के भीतर एक थुलथुल राजनीतिक देह में
जो भी गतिशील है अपनी ओर से जीने के लिए लड़ता है
अपराधी से आते हैं राज्यपाल मुख्यमन्त्री विधायक
बख़्शे हुए से जाते हैं
और एक बहुत बड़े पिंजड़े में जोर से चीख़ मारता है एक मोटा सुग्गा
जैसे उसी में राजा की जान हो

राजा मरेगा बजेगा इतिहास में नगाड़ा
पर यहाँ कुछ भी सुनायी न देगा मैदान में
सचिव जी देंगे जब लिखकर के सूचना
कहेंगे कि तोता गुज़र गया हमारी जान में।

शहर से बाहर

एक दिन यों हुआ कि मैं शहर से दूर गया
और वहाँ आसमान मुझको दिखा
बररी हुई दरकी हुई धरती पे झुका
अपने आप और अपने मन से, बेकार।

मेरी वह ख़ास-ख़ास नफ़रत
जो लोगों के लिए मुझमें है, थी।
        जैसे एक उजाला उजाड़-सा शीतल
        और उसमें एक हरा अँखुआ
        और उस पर आकाश के रंगों की झलक
        जैसे कोई एक आँख से हँसे एक से रोये
वह मेरी नफ़रत थी वहाँ और मैं अकेला था और शाम थी
न कोई कोशिश थी न कोई काम था न कोई दर्द

क्या था वह अपने को खोले हुए आकाश में
जैसे एक पवित्र भय।

क्या था वह अकेले में वहाँ एक निराला पहाड़-सा
दिल में
सागरों की पछाड़-सा दिल में
आँधियों की दहाड़-सा दूर से लाकर कुछ मुझमें
डुबा जाता हुआ मूर्खों के बावजूद
उस क्षण मैंने देखा कि मैं मर सकता हूँ
ठीक उतने ही सहज जितने से और कुछ कर सकता हूँ
बिलकुल अपनी तरह और बेकार।

मैदान में

अँधेरा यहाँ
अँधेरा नहीं है
एक ख़ास तरह का चाँदना है
और न तू गोरी है
तू
एक
लुनाई है डबडबायी हुई
काले
सिर्फ़ तेरे केश हैं

सूने मैदान में हम नहीं हैं
सिर्फ़ एक दिशा है
और गति है
और जिसमें ठिठके खड़े थे हम वह क्षण था

इसके बाद रोशनियाँ शहर की दिखायी देंगी।

रचता वृक्ष

देखो वृक्ष को देखो वह कुछ कर रहा है
किताबी होगा कवि जो कहेगा कि हाय पत्ता झर रहा है

रूखे मुँह से रचता है वृक्ष जब वह सूखे पत्ते गिराता है
ऐसे कि ठीक जगह जाकर गिरें धूप में छाँह में

ठीक-ठीक जानता है वह उस अल्पना का रूप
चलती सड़क के किनारे जिसे आँकेगा
और जो परिवर्तन उसमें हवा करे
उससे उदासीन है।

चढ़ती स्त्री

बच्चा गोद में लिये
चलती बस में
चढ़ती स्त्री

और मुझमें कुछ दूर तक घिसटता जाता हुआ।

खड़ी स्त्री

वह खड़ी थी
दुबली और थकी
और मुझे लगा कि वह खड़ी ही रहेगी
क्योंकि ऐसे ही वह पूर्ण होती है

तभी
वह
बोली–
नहीं
हँसी
नहीं
उसने देखा
और मैंने देखा कि वह अब सम्पूर्ण हुई।

खिंचा गुलाब

प्रार्थना में नमित रहकर
ज़रूरत भर
जब
सिर उठाया
तब
सुबह हो गयी

डाल पर ठहरा हुआ है खिंचा फूल गुलाब का।

पत्तों का धुआँ

धूप में सीधी सड़क के किनारे
थमा हुआ झरती पत्तियों वाला बड़ा वृक्ष

नीचे
सूखे पत्तों के ढेर से उठता धुआँ

हवा ने उसे हाँ-ना कर बखेर दिया।

तेरे कन्धे

एक रंग होता है नीला
और एक वह जो तेरी देह पर नीला होता है

इसी तरह लाल भी लाल नहीं है
बल्कि एक शरीर के रंग पर एक रंग

दरअसल कोई रंग कोई रंग नहीं है
सिर्फ़ तेरे कन्धों की रोशनी है
और कोई एक रंग जो तेरी बाँह पर पड़ा हुआ है।

अभी तक खड़ी स्त्री

ग्रीष्म फिर आ गया
फिर हरे पत्तों के बीच
खड़ी है वह
ओंठ नम
और भरा-भरा-सा चेहरा लिये
बदली की रोशनी-सी नीचे को देखती

निरखता रह
उसे कवि
न कह
न हँस
न रो
कि वह
अपनी व्यथा इस वर्ष भी नहीं जानती।

भीड़ में मैकू और मैं

जब समाजवादी दल खोज रहा था लड़के
मन्त्री बनने के लिए अगली सरकार में
मैं खोज रहा था भीड़ में रामलाल
वही मिल जाय अगर मैकू न मिले तो

मरते मनुष्यों के मध्य खड़ा मक्कार मन्त्री
कहता है सविश्वास
सरकार सिंचाई करे
सुनते हैं लड़के, अधेड़ पढ़ते हैं, याद करते हैं बूढ़े
यह विचार, अख़बार सीने पर धर जाता है लोहे के
अक्षरों में एक धौंस, कोई छटपटाता नहीं।

चार बुद्धिजीवी घास पर बैठे हुई क्रान्तिवार्ता
हर कोई अपने को विद्रोह न करने के लिए फटकारता
अन्त में बचा एक ठस कार्यकर्ता–पार्टी की शक्ति–
घर छोड़ आया अपढ़ बच्चों को शहर में विचरता

विचारता किसी दिन एक प्रबल उथल-पुथल
बदल देगी क़स्बे की चेतना

बड़े कष्ट से मैं पिछले कुछ बरसों में
अपने को खींचकर लाया था दर्पण तक
उसमें जब देखा, देखी एक भीड़
मेरी तरह पटिया चिकनाये हुए

भीड़ में मैल का अपना रंग
भीड़ में एक मैलख़ोरा रंग
कुम्हलाये चेहरे, राष्ट्रीयता, व्यक्तिगत हाज़मे
ठुड्डियाँ
ख़ून का दौरा, निजी बाल
निजी बग़ल, शहर में
इंसान एक ठोस व्यक्ति है और खोखला शब्द
गाँव में एक खोखला पिंजर और एक खोखला शब्द

रोज़-रोज़ थोड़ा-थोड़ा मरते हुए लोगों का झुंड
तिल-तिल खिसकता है शहर की तरफ़ :
फ़रमाइशी सम्भोग में सुनो एक उखड़ी साँस की
साँय-साँय, इस महान देश में क्या करें, कहाँ जायें
घबराते लड़के गदराती औरत लेकर।

गन्ध भीड़ से नहीं स्त्री की पीठ से आती है
रँगी-चँगी पंजाबिन धुली-पुँछी बंगालिन रूखी मराठिन के
सर से मरे इन्तज़ार की गन्ध, भीड़ में इन्तज़ार

जेठ की धूप में एक-दूसरे से सटी ख़ुश औरतों की प्यार भरी लम्बी कतार।

कितनी दूर कितनी दूर राजधानी से अकाल
मक्खन लो रोटी लो
चलो वहाँ हो आयें
संस्कृति की गुदगुदी, करुणा की झुरझुरी बहस की भुखमरी
ले आयें; बहस-बहस-तहस-नहस दूब हल्दी अच्छत
देख आयें देवी-देउता का ठाँव पानी बिना सूना
मक्खन लो रोटी लो
चलो वहाँ हो आयें
देख आयें दिग्विजय नारायण सिंह ने
क्या किया भोलाराम दास का
अलग-अलग खाती पकाती इस जाति ने
क्या किया जात पूछने के बाद प्यास का

भीड़ में मैलख़ोरी गन्ध मिली
भीड़ में आदिम मूर्खता की गन्ध मिली
भीड़ में
मुझे नहीं मिली मेरी गन्ध
जब मैंने साँस भर उसे सूँघा

पंडित राजाराम के ठंडे कमरे में
भीड़ का हिसाब हो रहा था
वहाँ मैंने पंडितजी को
सूँघा

गया बाजपेयीजी से पूछ आया देश का हाल
पर उढ़ा नहीं सका एक नंगी औरत को
कम्बल रेलगाड़ी में बीस अजनबियों के सामने
बेचू वल्द निरहू, ढोड़े मँगरे पाँचू गोबरे
पाँच भाई
बैठे थे
जाने कहाँ से न जाने कहाँ को जा रहे थे
डाँड़ भरने के लिए; तीन दिन तीन रात मैंने सफ़र किया
तीसरे दर्जे में अन्त में एक भिनभिनाते क़स्बे में पहुँचा
पिछड़े रिश्तेदारों के यहाँ; ढोड़े मँगरे होरे रस्ते में उतर गये।

अधिनायक

राष्ट्रगीत में भला कौन वह
भारत-भाग्य-विधाता है
फटा सुथन्ना पहने जिसका
गुन हरचरना गाता है
मखमल टमटम बल्लम तुरहा
पगड़ी छत्र चँवर के साथ
तोप छुड़ाकर ढोल बजाकर
जय-जय कौन कराता है
पूरब-पच्छिम से आते हैं
नंगे-बूचे नरकंकाल
सिंहासन पर बैठा, उनके
तमगे़ कौन लगाता है
कौन-कौन है वह जन-गन-मन-
अधिनायक वह महाबली
डरा हुआ मन बेमन जिसका
बाजा रोज़ बजाता है।

अकेला

अकेला-अकेला मकान
मेरी किताबें सिर्फ़ गणित की
परिहास में लिखीं
आसपास एक धुँधला उजाला निराशा का

क्रोध, लकड़ी और कपड़े से जोड़े हुए है यह मकान
शोर गाने का फोड़ता बार-बार दीवार में रोशनदान के कान
दिल्ली के मन्त्री का भाषण निचोड़कर
पिंपियाता हुआ जो
फ़िल्म-गीत
बम्बई ने लिक्खा

न कहीं। न। नहीं ही है शान्ति
सुविधा सब जगह है सब जगह
सिसकियाँ, ताड़ियाँ
सब जगह काली लम्बी गाड़ियाँ बीच के मार्ग पर

कहीं-कहीं नहीं है भ्रान्ति, वहीं है सबसे कम काव्य।

शराब के बाद का सवेरा

शराब के बाद का सवेरा
न मालूम कहाँ होंगी कुतरी हुई किताब की ख़ुशियाँ
भूले हुए डर के याद आने पर न मालूम कहाँ होंगी

रोज़ के बार-बार आने की ठहरी हुई तस्वीर में
एक खँडहर है।
किसी ने हरी सारी सूखने को टाँग दी है।

एक लड़की कि जिसकी बाढ़ मारी गयी है
डर के मारे नहीं बताती है मुझको वह
अपना दुख

लाठी टेक माँगता है भीख बुड्ढा ठीक-ठीक
कितना दूँ मुझे बता नहीं सकता।

बस यहीं तक रात को पी थी
एक मुट्ठी भर घिसी रंगीन छोटी पेंसिलें
एक नाटक का पुराना अकेले का टिकट

पाँच पैसे का कि जो सचमुच नहीं थे
ठंडा सिक्का
कल
दे गयी थी
माँ।

जन्म के कितने दिनों के बाद आयी थी
वह मेरी मरी हुई माँ।
जो महान मकान बना है पड़ोस में
वह मुझ पर गिर पड़ेगा
फिर मेरी गर्मियों की छुट्टियाँ हो जायेंगी
मेरे अपने स्कूल के अन्दर से निकलकर
बचपन के आख़िरी दिन
आयेंगे घर के कोने में
कहानियों की अलमारी की ख़ुशबू
और ठंडा चिकना फ़र्श
मलबे के तले से एक हाथ छुड़ाकर
उसे टोता हूँ। ढ नहीं ट

सो गये, वह रहे, सो रहे हैं सब बच्चे
जो मैंने पैदा किये
ख़त्म हो गया बहुत बड़े सुनसान में
एक इंसान का गुणगान, शराब का गिलास
गिलास-गिलास मैंने कहा जाम नहीं
दिन निकला रामधुन नहीं रामसरन
चिड़ीदिल दिन भर मेरे यहाँ
बैठा रहा अपने मरे दिल के बक्से पर

मैंने नहीं माँगी है यह ग़लीज़ शान्ति
पर वह आयी है ये दोनों हथेलियाँ
मेरी हैं मैंने पहचाना देखो कितनी
बड़ी उपलब्धि

बस यहीं तक रात को पी थी

दिन निकला फोड़कर
चित्रगुप्त-सभा के सचिव के दाँत
नाम कहाँ तक याद रक्खूँ
लोगों को उनकी तोंद से जानता हूँ
पहले मुझे वही मिली देवीदयाल वर्मा में
कितनी शान्तिभरी घुटनभरी
आदमी से आदमी के बचाव की ढाल।

गिरीश की मृत्यु

एक महान राष्ट्रीय दायित्व ने मुझे जगा दिया
उठ बैठा मैं
डकारता अपनी पतली टाँगें निहारता
अपने को झाड़ता कविता लिखने के लिए

फ़र्श धोता है कथाकार
जब वह आख़िरकार उजला होने ही लगता है तो पोतना लिये
बीचोबीच फँसा खड़ा रहता है कथाकार
कितनी शानदार शाम होती है वह कितना भयावह अकेलापन
शीशे में देखती हो जैसे अभिनेत्री खोले हुए अधेड़ सर

तीन रात लगातार मैंने सपने में देखा मुझे तिगुना कर
उलझाया। हर बार मैं घटा-घटाकर अपने को
निकल आया
अन्त में नहीं समझ पाया जब इतना भी क्यों हूँ
जग पड़ा।

सबसे बड़ा प्रश्न है योजना-आयोग में
पहले पंडे या पहले क्रान्ति या पहले कवि
पहले स्वागतसमिति
पहले ढोलताशा टमटम राष्ट्रपति
ख़ौफ़नाक दर्दनाक
उपमाएँ लिये हुए राजनीति के लिए
कुँकुआते राजकवि बाद में
महँगी मचलती महिलाओं से रमणीय ये विरोध
दरवाज़े आ बैठा सुबह-सुबह
आठ बरस का लड़का काला दुबला ऊबा सुनता है।

शायद एक दुनिया तेज़तर्रार औरतों गुस्सेवर मर्दों
मटकते बच्चों धमकाते बाजों की दुनिया है
शायद–
भारत की मिट्टी से पैदा तीखी बू वाली
पसरी विज्ञापन में प्यार से पहनती उतारती
पुरुषों के कपड़े हिरदै लगाती लड़कियों की दुनिया है

मैं जानना चाहता हूँ अगर इसके एक डंडा अँधेरे में मारा जाय
कौन-सी बोली में यह क्या चिल्लायेगी

झुका हुआ बैठा रहा घुटने पर
बाप देर तक दवाख़ाने में था सकून
देर तक घुट-घुटकर–क्या तोड़ूँ क्या तोड़ूँ–
नंगा सर नीचा किये तरबतर इन्तज़ार
बुड्ढा करता रहा
घूसख़ोर बस का

धीरज से मुरझाता दिनभर
–एक दिन अपना घर बनाने की आशा में

मेरे लिए महान लाओ कुछ ठंडा पेय
मैले नाख़ून वाले चीकट लड़के ने
नहीं सुना जो मैंने पूछा था
पहले वह चाहता था कि मैं समझ लूँ
कि वह मेरा कौन है

ऊब कोई रोग नहीं
भय कोई शोक नहीं
ऊब और भय का
चितपट किया चित्रपट किया चौपट किया

उन दिनों मैं अपने को खोज रहा था
प्यार करने के लिए मैंने छुट्टी नहीं ली भाग लिया
एक लड़की का कौन-सा भाग? भरे-भरे गालों के बदले
उसे कितना अधिकार दिया जाये जानने के लिए
उसकी दुखभरी जड़ता के बदले चुमकार दिया

एक अ़न्य लड़की
साथ-साथ खँडहरों में घूमी
किसी क्षण अकेले मुझे इनकार करने का इन्तज़ार
करती एक अन्य लड़की मैंने देखा आख़िरकार एक व्यक्ति है
ठोस मांस और पोले मांस का बना जीव
हाँफती हड़ैली वह दौड़ी घर की ओर बस की दिशा में
एक चिड़चिड़ी ज़िन्दगी लेस-पोतकर

क्या तोड़ूँ क्या तोड़ूँ जो मुझे अपनापा मिले समुदाय में
मोरारजी देसाई की औचक खीस नहीं

कितनी सुन्दर आँखें
देखो खेत की मेड़ पर खड़े होकर दूर-दूर तक फैली रेत
देखो मैंने देर तक देखीं आत्मनिष्ठ आत्मरत आत्मकेन्द्रित अहं
निस्सन्देह मुझमें था
वह मुझे मिली नहीं बिस्तर में
सर खुजलाकर बोला मित्र, तुम रह गये
निस्सन्देह रह गया मैं जब कि और सब
एक धुर पहुँच गये
महासंघ के दो दल फाड़ती दरार में ठूँस दिया मोटा मुँह
मधुर मुसद्दी ने
देखो भविष्य की सूखी कर्कश पीठ
जो वह हमारी ओर किये हुए लेटा है
देखो महापौर के भौचक चेहरे तले
अतल मानवमय पारावार का कीचड़

गाँव-गाँव में दिया जन-जन को
विश्वास
नेकराम नेहरू ने
कि अन्याय आराम से होगा आमराय से होगा नहीं तो
कुछ नहीं होगा
गाँव का

उसी दिन, बुड्ढों की तरह नहीं मरा मेरा बाप
लड़ते-लड़ते मरा
बिना दवा के नहीं बिना सिफ़ारिश के

ट्रक से टकराकर
छिटककर गिरीश गिरा हलवाई समिति ने
जहाँ आज तक सड़क पर पारपथ नहीं
खुलवाया–
वहीं।

फूल-शूल

(एक सहकविता)

फूलों में वह बात नहीं है जो फूलों में होती थी
भूलों में वह बात नहीं है जो भूलों में होती थी
शूलों में वह बात नहीं है जो शूलों में होती थी
लूलों में वह बात मगर है जो लूलों में होती थी

(अन्तिम पंक्ति कैलाश बाजपेयी ने दी)

सनीचर

(एक और सहकविता)

फिर मुझे मारकर सनीचर ने
रास्ते से लगा दिया सा है
आज दिन भर के बाद लगता है
काम दिनभर में कुछ किया सा है
मुझको भी साथ उठा ले चलिए
देखिए मैंने कुछ पिया सा है
पहले गिन लूँ तभी बताऊँगा
आपसे मैंने क्या लिया सा है

(अन्तिम चार पंक्तियाँ सर्वेश्वरदयाल सक्सेना ने दीं)

मेरा मींजा दिल

एक शोर में अगली सीट पे था
दुनिया का सबसे मीठा गाना
एक हाथ में मींजा दिल था मेरा
एक हाथ में था दिन का खाना।

इस डर से कि बस रुक जायेगी
आवाज़ जहाँ मैं दे दूँगा
मैं सुनता था। कोई छू ले कहीं
मेरी पीठ नहीं—आना जाना लोगों का
हँसना गन्धाना—सीने में भरे साबूदाना
दाँतों की चमक सुथरी नाकें—वह रोज़-रोज़
इस रोज़ आज कल भी मुझ पर झुक जायेगी
सूखी लड़की। चेहरा चेहरे चेहरों के मुँह
गाढ़े गोरे पक्के ख़ुश चुप। अनजाने बेमन मुस्काना
मोटे बुज़दिल। घुप। शहरों के।
        तब मैं समझा
        वह अनिता थी

अनिता? वह सीधी सलोतरी अपनी अनिता थी
रोज़ाना
जब तेज़ हुई बस
मैंने अंग्रेज़ी में कहा
ला काबाना

कोई सुन न सका।
मेरी ख़ुशहाली के दिन में
मुझसे दो आने ले न सका। मैं हो न सका
मैं सो न सका मैं रो न सका मैं पों न सका
पों क्या माने?

भाषण

राम ने कहा था
राम ने कहा था
राम ने कहा था
श्रीराम ने कहा था कि मोहन एक अच्छा लड़का है
वह रोज़ सवेरे उठता है पैदल पढ़ने जाता है विद्या से उसे बड़ा प्रेम है
वह किसी की बात को नहीं मानता
सोच-समझकर अपना काम करता है।

श्रीमती गीताने का आज रात को ठीक समय पर आवागमन हुआ
दिन के आने से अनेक कठिनाइयों का सामना करना पड़ता है
संसार में किसी ने ठीक ही कहा है कि यदि दुनिया में
द्रोही आदमी न हो
तो आज के युग में कुछ हो सकता है
यदि किसी आदमी को घोटकर पिलाया जाये कि ले भाई
तू ठीक समय पर इसका उपयोग करना।

हमारी फ़ैक्टरी में लोगों का आवागमन जारी रहने के कारण हमको
महान हानी रहती है
सरकारी अकादमी के अनुसार कुछ लोगों ने आज बताया कि भावी
जनता के कर्णधार को बताना होगा कि संसार का गोवा में दमन
कैसे किया जाये
जनता में आज का युग काव्य पर निर्भर है देश को बसाने के लिए
सारी दुनिया का भार देश पर हो सकता है प्रधान मन्त्री ने कहा है
कि भारत सरकार का मत बहस के समय पेश हो सकता है
सकता पड़ गया होनेवाली जनसभा में छोटेलाल ने आज कहा
कि प्रजासमाजवादी दल के नेताओं ने कहा
कि महाकवि कालिदास ने कहा कि कुटुम्ब के जनों को बताना चाहिए
कि लोक की रचना कब हुई
अपना भाषण अन्त में समाप्त करते हुए श्री त्यागी ने कहा बस भई बस।

सफल जीवन

बरसों के बाद जब फिर मिले
तो देखा कि वे सब काम से लगे थे
जो कभी बिना वजह कुछ करने को तैयार थे
लोग-लोग मार तमाम लोग गन्धाते मुँह चुराते
मेरी पिछली कविताओं से निकलकर खड़े हो गये
और मुझ पर मुस्कराने लगे।
सफल था उनका जीवन सबका एक लक्ष्य था
सबकी एक-सी गन्ध सबमें एक-सा प्रतिवाद
भ्रष्टाचार से
एक-सा आत्माभिमान सबमें न कम न ज़्यादा
सब ख़ुश और समझदारी से दमदमाते हुए सबके
मुँह पर एक-सा तेल

न कहीं से हवा आये और यह पृष्ठ पलट जाये
कि मेरी कविता के मुहावरे की बहुत नकल हो चुकी
यह मैं चाहता था कि भीड़ में से एक रो दिया भें से

एक आवाज़ आई कुएँ में से
खाना वह खा आया था अब तरस खा रहा था
याद था उसे गीत जो रफ़ी गत बरस गा रहा था।

ख़ब्ती औरत

हौंकता अन्धड़ अन्धा बाप गोद में मुँह खोले हाँफता बच्चा
दिखलाकर उसने दोहत्थड़ दिमाग़ पर मारा दिल दहलाकर
तिलमिलाकर मैंने हाथ जेब में डाला निकली अठन्नी
नहीं दी
वह बहुत थी

एक औरत, दो बच्चे, एक गोद एक पैदल
पता पूछती रहती है प्रधान मन्त्री का
दस बरस बेदख़ल हुए उसे हुए पाँच अधपागल

अत्याचार समाचार बन बह गया इंसान का अपमान छपा नहीं
दस बरस मुझे भी जड़ हो गये हुए
अब रह गया सिर्फ़ उस औरत का ख़ब्त

मैंने जब खा लिया घर से चल एक क्लर्क एक पुलिस कप्तान
एक उपसचिव एक दिनकर बुनकर लोहार कुम्हार पटहार
रामकुमार को मैंने अपना दिल उधार दिया

उसको गुँजाया गरमाया कमकर के लिए
थककर कुदाली रखकर जब उसने मुझ पर नज़र डाली
उसकी ख़ाली आँखों में था तिरस्कार

हम सब जानते थे ग़रीब क्या चीज़ होती है
हम सब ग़रीबी को बिसरा चुके थे
हममें से एक ने कहा रोज़ कम खाना मेरे दो बच्चों को तोड़ता
मरोड़ता कुतरता है रोज़-रोज़ कुछ समझे?
बुझते हुए धीरे-धीरे एक दिन हज़ार लोग रोज़
सहने के अन्तिम कगार पर खड़े हो
भारतवर्ष में फलाँग पड़ते हैं
व्यक्ति-स्वातन्त्र्य के समुद्र में कोई धमाका नहीं

तब गज़ब का सफ़ेद कुरता पहने हुए
बोला उपप्रधानमन्त्री लेखक-सभा में
हममें से हरएक कपड़ों के नीचे तो नंगा है
फिर मुस्कराया मशीन पर

झप से अन्तर्ज्योति मुखड़े पर आयी
लेखराम दौड़े
इतने में चली गयी।

कोई एक और मतदाता

जब शाम हो जाती है तब ख़त्म होता है मेरा काम
जब काम ख़त्म होता है तब शाम ख़त्म होती है
रात तक दम तोड़ देता है परिवार
मेरा नहीं एक और मतदाता का संसार।

रोज़ कम खाते-खाते ऊबकर
प्रेमी-प्रेमिका एक पत्र लिख दे गये सूचना विभाग को

दिन-रात साँस लेता है ट्रांज़िस्टर लिये हुए ख़ुशनसीब ख़ुशीराम
फ़ुरसत में अन्याय सहते में मस्त
स्मृतियाँ खँखोलता हकलाता बतलाता सवेरे
अख़बार में उसके लिए ख़ास करके एक पृष्ठ पर दुम
हिलाता सम्पादक एक पर गुरगुराता है

एक दिन आख़िरकार दुपहर में छुरे से मारा गया ख़ुशीराम
वह अशुभ दिन था, कोई राजनीति का मसला
देश में उस वक़्त पेश नहीं था। ख़ुशीराम बन नहीं

सका क़त्ल का मसला, बदचलनी का बना, उसने
जैसा किया वैसा भरा

इतना दुख मैं देख नहीं सकता।

कितना अच्छा था छायावादी
एक दुख लेकर वह एक गान देता था
कितना कुशल था प्रगतिवादी
हर दुख का कारण वह पहचान लेता था
कितना महान था गीतकार
जो दुख के मारे अपनी जान लेता था
कितना अकेला हूँ मैं इस समाज में
जहाँ सदा मरता है एक और मतदाता।

स्वाधीन व्यक्ति

इस अँधेरे में कभी-कभी
दीख जाती है किसी की कविता
चौंध में दिखता है एक और कोई कवि
हम तीन कम-से-कम हैं, साथ हैं।

आज हम
बात कम काम ज़्यादा करना चाहते हैं
इसी क्षण
मारना या मरना चाहते हैं
और एक बहुत बड़ी आकांक्षा से डरना चाहते हैं
ज़िलाधीशों से नहीं।

कुछ भी लिखने से पहले हँसता और निराश
होता हूँ मैं
कि जो मैं लिखूँगा वैसा नहीं दिखूँगा
दिखूँगा या तो

रिरियाता हुआ
या गरजता हुआ

किसी को पुचकारता
किसी को बरजता हुआ
अपने में अलग सिरजता हुआ कुछ अनाथ
मूल्यों को
नहीं मैं दिखूँगा।

खंडन लोग चाहते हैं या कि मंडन
या फिर केवल अनुवाद लिसलिसाता भक्ति से
स्वाधीन इस देश में चौंकते हैं लोग
एक स्वाधीन व्यक्ति से

बहुत दिन हुए तब मैंने कहा था लिखूँगा नहीं
किसी के आदेश से
आज भी कहता हूँ
किन्तु आज पहले से कुछ और अधिक बार
बिना कहे रहता हूँ
क्योंकि आज भाषा ही मेरी एक मुश्किल नहीं रही

एक मेरी मुश्किल है जनता
जिससे मुझे नफ़रत है सच्ची और निस्संग
जिस पर कि मेरा क्रोध बार-बार न्योछावर होता है

हो सकता है कि कोई मेरी कविता आख़िरी कविता हो जाये
मैं मुक्त हो जाऊँ
ढोंग के ढोल जो डुंड बजाते हैं उस हाहाकार में

यह मेरा अट्टहास ज़्यादा देर तक गूँजे खो जाने के पहले
मेरे सो जाने के पहले।
उलझन समाज की वैसी ही बनी रहे

हो सकता है कि लोग-लोग मार तमाम लोग
जिनसे मुझे नफ़रत है मिल जायें, अहंकारी
शासन को बदलने के बदले अपने को
बदलने लगें और मेरी कविता की नकलें
अकविता जायें। बनिया बनिया रहे
बाम्हन बाम्हन और कायथ कायथ रहे
पर जब कविता लिखे तो आधुनिक
हो जाये। खींसें बा दे जब कहो तब गा दे।

हो सकता है कि उन कवियों में मेरा सम्मान न हो
जिनके व्याख्यानों से सम्राज्ञी सहमत हैं
घूर पर फुदकते हुए सम्पादक गद्गद हैं

हो सकता है
हो सकता है कि कल जबकि अँधेरे में दिखे
मेरा कवि बन्धु मुझे
वह न मुझे पहचाने, मैं न उसे पहचानूँ।
हो सकता है कि यही मेरा योगदान हो कि
भाषा का मेरा फल जो चाहे मेरी हथेली से ख़ुशी से चुग ले।
अन्याय तो भी खाता रहे मेरे प्यारे देश की देह।

फ़िल्म के बाद चीख़

इस ख़ुशबू के साथ जुड़ी हुई
है एक घटिया फ़िल्म की दास्ताँ
रंगीन फ़िल्म की

ऊबे अँधेरे में
खड़े हुए बाहर निकलने से पहले बन्द होते हुए
कमरे में
एक बार
भीड़ में
जान बूझ
कर चीख़
ना होगा
ज़िन्दा रहने के लिए

भौंचक बैठी हुई रह जाएँ
पीली कन्याएँ
सीली चाचियों के पास

टिकी रहे क्षण-भर को पेट पर
यौवन के एक महान क्षण की मरोड़
फिर साँस छोड़कर चले
जनता
सुथन्ना सम्हालती

सारी जाति एक झूठ को पीकर
एक हो गयी फ़िल्म के बाद
एक शर्म को पीकर युद्ध के बाद
सारी जाति एक

इस हाथ को देखो
जिसमें हथियार नहीं
और अपनी घुटन को समझो, मत
घुटन को समझो अपनी
कि भाषा कोरे वादों से
वायदों से भ्रष्ट हो चुकी है सबकी

न सही यह कविता
यह मेरे हाथ की छटपटाहट सही
यह कि मैं घोर उजाले में खोजता हूँ
आग
जबकि हर अभिव्यक्ति
व्यक्ति नहीं
अभिव्यक्ति
जली हुई लकड़ी है न कोयला न राख

क्रोध, नक्कू क्रोध, कातर क्रोध
तुमने किस औरत पर उतारा क्रोध
वह जो दिखलाती है पेट पीठ और फिर
भी किसी वस्तु का विज्ञापन नहीं है
मूर्ख, धर्मयुग में अस्तुरा बेचती है वह
कुछ नहीं देती है बिस्तर में बीस बरस के मेरे
अपमान का जवाब

हर साल एक और नौजवान घूँसा
दिखाता है मेज़ पर पटकता है
बूढ़ों की बोली में खोखले इरादे दोहराता है
हाँ हमसे हुई जो ग़लती सो हुई
कहकर एक बूढ़ा उठ
एक सपाट एक विराट एक ख़ुर्राट समुदाय को
सिर नवाता है

हर पाँच साल बाद निर्वाचन
जड़ से बदल देता है साहित्य अकादमी
औरत वही रहती है वही जाति
या तो अश्लील पर हँसती है या तो सिद्धान्त पर

सेना का नाम सुन देशप्रेम के मारे
मेज़ें बजाते हैं
सभासद भद भद भद कोई नहीं हो सकती
राष्ट्र की
संसद एक मन्दिर है जहाँ किसी को द्रोही कहा नहीं
जा सकता

दूधपिये मुँहपोंछे आ बैठे जीवनदानी गोंद-
दानी सदस्य तोंद सम्मुख धर
बोले कविता में देशप्रेम लाना हरियाना प्रेम लाना
आइसक्रीम लाना है
भोला चेहरा बोला
आत्मा ने नक़ली जबड़े वाला मुँह खोला
दस मन्त्री बेईमान और कोई अपराध सिद्ध नहीं
काल रोग का फल है अकाल अनावृष्टि का
यह भारत एक महागद्दा है प्रेम का
ओढ़ने-बिछाने को, धारण कर
धोती महीन सदानन्द पसरा हुआ

दौड़े जाते हैं डरे लदेफँदे भारतीय
रेलगाड़ी की तरफ़
थकी हुई औरत के बड़े दाँत
बाहर गिराते हैं उसकी बची-खुची शक्ति
उसकी बच्ची अभी तीस साल तक
अधड़ होने तक तीसरे दर्जे में
मातृभूमि के सम्मान का सामान ढोती हुई
जगह ढूँढ़ती रहे
चश्मा लगाये हुए एक सिलाई-मशीन
कन्धे उठाये हुए

वे भागे जाते हैं जैसे बमबारी के
बाद भागे जाते हों नगर-निगम की
सड़ाँध लिये-दिये दूसरे शहर को
अलग-अलग वंश के वीर्य के सूखे
अंडकोष बाँध।

भोंपू ने कहा
पाँच बजकर ग्यारह मिनट सत्रह डाउन नौ
नम्बर लेटफारम
सिर उठा देखा विज्ञापन में फ़िल्म के लड़की
मोटाती हुई चढी प्राणनाथ के सिर उसे
कहीं नहीं जाना है।

पाँच दल आपस में समझौता किये हुए
बड़े-बड़े लटके हुए स्तन हिलाते हुए
जाँघ ठोंक एक बहुत दूर देश की विदेश नीति पर
हौंकते डौंकते मुँह नोचे लेते हैं
अपने मतदाता का

एक बार जान-बूझकर चीख़ना होगा
ज़िन्दा रहने के लिए
दर्शकदीर्घा में से
रंगीन फ़िल्म की घटिया कहानी की
सस्ती शायरी के शेर
संसद-सदस्यों से सुन
चुकने के बाद।

हमारी हिन्दी

(अपने पिता की स्मृति को; मेरी यही एक रचना उन्हें पसन्द थी)

हमारी हिन्दी एक दुहाजू की नयी बीबी है
बहुत बोलनेवाली बहुत खानेवाली बहुत सोनेवाली

गहने गढ़ाते जाओ
सर पर चढ़ाते जाओ

वह मुटाती जाये
पसीने से गन्धाती जाये घर का माल मैके पहुँचाती जाये

पड़ोसिनों से जले
कचरा फेंकने को लेकर लड़े

घर से तो ख़ैर निकलने का सवाल ही नहीं उठता
औरतों को जो चाहिए घर ही में है
एक महाभारत है एक रामायण है तुलसीदास की भी राधेश्याम की भी

एक 'नागिन' की स्टोरी 'बमय गाने'
और एक खारी बावली में छपा कोकशास्त्र

एक खूसट महरिन है परपंच के लिए
एक अधेड़ खसम है जिसके प्राण अकच्छ किये जा सकें
एक गुचकुलिया-सा आँगन कई कमरे कुठरिया एक के अन्दर एक
बिस्तरों पर चीकट तकिये कुरसियों पर गौंजे हुए उतारे कपड़े
फ़र्श पर ढँनगते गिलास
खूँटियों पर कुचैली चादरें जो कुएँ पर ले जाकर फींची जायेंगी

घर में सब कुछ है जो औरतों को चाहिए
सीलन भी और अन्दर की कोठरी में पाँच सेर सोना भी
और सन्तान भी जिसका जिगर बढ़ गया है
जिसे वह मासिक पत्रिकाओं पर हगाया करती है
और ज़मीन भी जिस पर हिन्दी भवन बनेगा

कहनेवाले चाहे कुछ कहें
हमारी हिन्दी सुहागिन है सती है ख़ुश है
उसकी साध यही है कि खसम से पहले मरे
और तो सब ठीक है पर पहले खसम उससे बचे
तब तो वह अपनी साध पूरी करे।

एक अधेड़ भारतीय आत्मा

एक दिन
चिड़चिड़े बच्चों को लिए दवाख़ाने में खड़े-खड़े
मुझे एकाएक लगा मैं अधेड़ हो गया
न गलाबन्द कोट
न दुपट्टा
न टोपी
मैं बड़ा हुआ हाहाहूहू करता हुआ

इन्हें टोहो
हड्डियाँ पसलियाँ
और पड़ोस के अमीर बच्चों का भय
उदास
ये नहीं हो पाते कुढ़न के मारे

प्रिय पाठक
ये मेरे बच्चे हैं
कोई प्रतीक नहीं

और इस कविता में
मैं हूँ मैं
कोई रूपक नहीं

यह मैं खड़ा हूँ
भरापूरा एक आदमी
आठ दस सफ़ेद बाल
आठ दस अधूरे स्वप्न
मक्कार बूढ़ों की परिषद में
एक ख़तरनाक बात
कहकर बैठ जाऊँगा

गाकर सुनाता है
जनवादी वादों की घोषणा
महामन्त्री
जनता के लिए नहीं
वह विरोधियों को प्रमाण दे रहा है
कि मैं दलबदल के लिए योग्य व्यक्ति हूँ

पुलकित उपराष्ट्रकवि
जनगंगातट पर बैठे
घिसते थे चन्दन
किसको तिलकित करें
आज नहीं जानते
वैसे लोहिया के यहाँ आने-जाने लगे हैं
दोनों
कल फिर होंगे राष्ट्रकवि, महामन्त्री

कल फिर मैं
एक बात कह बैठ जाऊँगा

खुली हुई खिड़की से आती है
माँ की याद
वह वापस जाना नहीं
आगे जाना है
प्रेम के पारावार के पार
और अपने पिता के
अनेक मधुर अनुभवों के संग

खुला अव्यथित वायुमंडल जो बाहर है
उस पर एक क्षण मुझे विश्वास
नहीं होता
किन्तु फिर होता है
बचपन के अन्धकार में डर था
आज वह धुँधला है स्निग्ध है

कितनी देर से आये हो तुम मेरे ममत्व
जो जानता हूँ अब
वह सब जानते ही थे
न जानना है मृत्यु फिर से जानना जीवन
दोहराने दो मुझको अपनी बच्ची पर बाप का दुलार
वह जो अगली शताब्दी में विचित्र कोई मौत पाने को है

जो मुझसे नहीं मरा
शत्रु वह समाज में मृत्यु के नये प्रकार
खोजता रहेगा! अत्याचार अगले कुछ वर्षों में

और भी अनायास होगा
विद्रोह और काइयाँ

फिर बीस साल बाद
एक संयोग से
मैं वह कहूँगा जो
बीस साल से सच था

वापस ले जाओ मुझे एक बार उस दिन
जब मैंने कहा था कि भाषा को
मन्दिर में बन्द मत करो
उसे बोलो
मैंने कहा था कहा था कहा था हर बार जबकि बदल
नहीं पाया सरकार मैंने कहा था कि एक अंगुल
और गल गया गोश्त

वापस ले जाओ मुझे
वह नरेश बरनवाल
कहाँ होगा आज जिस पीले-से लड़के से
मेरी होड़ रहती थी

बाँध में दरार
पाखंड वक्तव्य में
घटतौल न्याय में
मिलावट दवाई में
नीति में टोटका
अहंकार भाषण में
आचरण में खोट हर हफ़्ते मैंने विरोध किया
सचमुच स्वाधीन हो जाने का इतना भय

एक दास जाति में!
जो अधेड़ होते हैं
जी नहीं सकते हैं
बाकी दिन
आस में
हर हफ़्ते जय जय जय
सुनते रह नहीं सकते

हर संकट भारत में एक गाय
होता है
ठीक समय ठीक बहस कर नहीं सकती है
राजनीति
बाद में जहाँ कहीं से भी शुरू करो
बीच सड़क पर गोबर कर देता है विचार
हाय-हाय करते हुए हाँ-हाँ करते हुए हें-हें करते हुए
समुदाय
एक हज़ार लोग ध्यानमग्न सुनते हुए
एक अदद रिरियाता है सितार

जगे रहो जाने किस वक़्त सब एकमत हो जायें।

जिसको आगे चलकर राजकाज करना है
दाँत माँज रखता है मुस्काने के लिए
मुसकाकर प्राध्यापक-परिषद में मुझे आँख मारी
गृहमन्त्री ने
कहते तुम ठीक हो चुप रहो
और मेरे साथ बेईमानी में शरीक़ हो

संघ रहे संघ रहे उसने कहा
भारत का। चाहे हर भारतीय हर भारतीय का
गुलाम रहे

बीस बरस बीत गये
लालसा मनुष्य की तिलतिल कर मिट गयी
अब नहीं हो सकता कोई लेखक महान
पहले तो बाम्हन होंगे फिर ठाकुर होंगे
फिर बारी आयेगी चमारों की
तब तक चमार कायथ न बन गये होंगे!

टूटते-टूटते
जिस जगह आकर विश्वास हो जायेगा कि
बीस साल
धोखा दिया गया
वहीं मुझे फिर कहा जायेगा विश्वास करने को
पूछेगा संसद में भोलाभाला मन्त्री
मामला बताओ हम कार्रवाई करेंगे
हाय-हाय करता हुआ हाँ-हाँ करता हुआ हें-हें करता हुआ
दल का दल
पाप छिपा रखने के लिए एकजुट होगा
जितना बड़ा दल होगा उतना ही खायेगा देश को

सबसे बड़े नेता के बूढ़े हो जाते ही
लग लेगा पीछे एक कम बूढ़ा
जाने किस वक़्त वह मर जाये तो ज़्यादा बूढ़ा है।

●●●

मैदान में

स्वरलिपि : विमलेश्वरी सहाय

स स ग ग ऽ ऽ | ग म ग ग रे ऽ ऽ | स स ग रे
अँ धे ऽ रा ऽ ऽ | य हाँ ऽ ऽ ऽ ऽ ऽ | अँ धे रा ऽ

ग म ग प ऽ ऽ ऽ |
न हीं ऽ है ऽ ऽ ऽ |

प प ध ऽ ऽ ध प म ग रे | रे ऽ रे ग म प ग ऽ ऽ ऽ |
इ क खा ऽ ऽ स तर ह का ऽ | चाँ ऽ द ना ऽ ऽ है ऽ ऽ ऽ |

ग ऽ ग रे ग ऽ ऽ स रे स रे स ऽ ऽ |
औ ऽ र न तू ऽ ऽ गो ऽ री ऽ है ऽ ऽ |

सं सं सं सं रे ऽ ऽ ऽ सं सं ऽ ऽ ऽ म रे ऽ ऽ रे ऽ ऽ ऽ |
तू ऽ ऽ ए ऽ ऽ ऽ क लु ना ऽ ऽ ऽ ऽ ई ऽ ऽ है ऽ ऽ ऽ |
रे ग म ऽ ऽ रे ऽ ऽ स ग ऽ ऽ ऽ |
डब ऽ बा ऽ ऽ ई ऽ ऽ हु ई ऽ ऽ ऽ |

ग म ग म रे रे ऽ रे ग रे ग स ध ऽ नि स ऽ ऽ ऽ |
का ऽ ऽ ऽ ले सिर्फ ते ऽ ऽ ऽ रे के ऽ श हैं ऽ ऽ ऽ |

सं ऽ रें ऽ सं रें सं रें सं ऽ ऽ | नि ऽ ऽ प ध प ऽ ऽ |
सू ने म य दा ऽ ऽ न में ऽ ऽ | हम ऽ ऽ न हीं है ऽ ऽ |

सं ऽ नि ऽ प ध नि ध ऽ ऽ | ध ऽ ऽ रे रे म ग ऽ ऽ
सि र्फ ए क दि शा है ऽ ऽ | औ ऽ ऽ र ग ति है ऽ ऽ

ग ऽ ऽ म ग ऽ ऽ | स ऽ रे ऽ ग रे ऽ नि स रे म ऽ ऽ |
औ ऽ र जिस में ऽ ऽ | ठि ठ के ऽ ख डे ऽ थे हम वो क्ष ण ऽ ऽ |

स ऽ ऽ ऽ |
था ऽ ऽ ऽ |

स ऽ ग ऽ द ग म ग रे ऽ | रे रे ग रे स नि़ ध़ नि़ नि़ स ऽ ऽ ऽ
इस के बा ऽ द रो ऽ श नि याँ ऽ | श हर की दि ऽ खा ई दे गीं ऽ ऽ ऽ